ESTAMOS AQUI

NOTA BIOGRAFICA

UN HOMBRE Y SUS ENCUENTROS CON SERES AVANZADOS

POR **ANDRÉ LAWRENCE**

We Are Here - The Memoir

Estamos Aquí: Nota Biográfica

Copyright © 2021 Andre Lawrence

All rights reserved. No part of this book may be used or reproduced in any manner whatsoever without the written permission of the Publisher.

Reservados todos los derechos. Ninguna parte de este libro puede utilizarse o reproducirse en de cualquier manera sin el permiso por escrito del Editor.

ISBN 978-1-7362812-4-6

Para que habite Cristo
por la fe
en vuestros corazones,
a fin de que,
arraigados y cimentados en amor,
seáies plenamente capeces de
comprender con
todos los santos cuál sea la
anchura, la longitud,
la profundidad
y la altura.

San Pablo el Apóstol – Efesios 3:17

¿Te has preguntado, alguna vez, si estamos solos en el universo? Durante toda mi vida me ha fascinado la posibilidad de que hubiesen seres mas avanzados entre nosotros: que utilicen la teletransportación o proyecciones holográficas, por ejemplo. Aúnque suene descabellado, este puede ser uno de los secretos mejor guardados a la población general. Varios lugares del mundo muestran piramides grabadas con señales en clave, tales como Egipto, Irak, Sudan, Indonesia, Peru, Guatemala, y México. Y su distribución es muy similar a las que muestran las tablas de microchip utilizadas en las computadoras de hoy! Tambien vemos esculturas monolíticas y conocimiento cifrado de varias civilizaciones antiguas como los Maya, los Griegos, los Indios Americanos, y los Druidas Celticos mostraban criaturas o "dioses" casi identicos, los cuales sugieren que aun existen muchos fenómenos inexplicables.

¿Podrían haber seres mas avanzados existiendo aquí antes que nosotros? ¿Conoceremos seres de otros mundos durante nuestras vidas? En algun momento todos nos hemos hechos estas preguntas.

A los cinco años de edad aprendí sobre el Catolicismo. No entendía muy bien sus rituales y propósitos, pero participé en sus rituales, particularmente sus tradiciones y días festivos. No fuí bautizado así que tuve la libertad de explorer y aprender de otras creencias. Para mi la religión es lo que creo que es verdad y lo que siento en mi corazón; es saber como tomar las decisiones correctas y llevar la verdad como estandarte. ¿Por qué no podemos usar nuestras mentes y corazones para tomar las decisiones acertadas? El Budismo nos recuerda que siempre hay que estar pendiente de nosotros y del respeto que debemos darle a la vida que nos rodea, con conciencia y gratitúd.

Durante mi niñez mi hermana y yo recibimos varias "limpias" de mis sabias y talentosas madre y abuela. Ellas eran conocidas como "trabajadoras de la luz", o sanadoras de Hungría. Las limpias eran masajes que raramente tocaban el cuerpo. Las manos, suspendidas a pocos centimetros del cuerpo, comenzaban en la cabeza para luego desplazarse lentamente sobre el torso, piernas, y pies, despejando la mala energía con la fuerza electromagnética de las manos. Muy parecido al Reiki. Este concepto me intrigaba; la forma en que el cuerpo movía o creaba energía, y me encantaría conocer mas sobre esta practica. Busqué respuestas en la ciencia, el espacio, la astronomía y la astrología en busca de respuestas. Aún mas importante, me sumergí en la espiritualidad. Cuestionaba todo. Mi padre siempre dijo, "Jamas tengas miedo de hacer preguntas." Como soy una persona mas artistica y creativa, mi mente se preguntaba ¿que es la realidad? Que lejos me llevó mi imaginación, retando lo limites de la realidad.

Hay sucesos cotidianos con los que vivimos a diario sin cuestionar, como el sol, la luna, y las estrellas. Están en constante movimiento y representan una parte importante de quienes somos, pero no le damos gran importancia. Es aquí donde yo exploraría mas a fondo. ¿Hay algo mas real o convincente que Dios y lo espiritual para explicar la razón del ser humano? La espiritualidad nos conecta a todo lo que existe aquí y ahora. ¿Que hemos hecho para merecernos el honor de vivir en el mundo, en esta maravillosa embarcación, absorbiendolo todo con nuestros ojos y cerebros, compartiendo este hermoso planeta con el resto de la especie humana? Tiene que haber algo mas que el simple existir; es absolutamente necesario. Las consistencias matemáticas y patrones geometricos fluyen dentro y fuera de nosotros. Los seres humanos vivimos lo que es un abrir y cerrar de ojos, un brillo de pocos siglos. A traves de la historia, mentes brillantes han acumulado un rico conocimiento utilizando estudios, pruebas e investigación y todavía hay mucho por descubrir dentro de cada uno de nosotros. ¿Cual es el próximo paso para nosotros?

En el 2011 cumplí veinte y nueve años. Mi atención se desviaba hacia el cielo, imaginándome lo increible que sería volar y lo que debe haber en el vasto universo. Siempre me han llamado la atención los astros y sus constelaciones, y al admirar el cielo nocturno durante noches limpidas notaba que estaban organizados casi como un mapa. Permanecía perfectamente quieto y callado, enfocado intensamente en los grupos de estrella y los patrones que formaban mientras permanecían estáticos, en suave centelleo. Imagínese cuan largo el tiempo que estos patrones de luz han existido. Muchas generaciones de personas los han visto, siendo nostros un mero punto en su cronologia.

De vez en cuando, observaba tenues luces que parecían estrellas, fluyendo en el aire en cualquier dirección. Muchos de nosotros lo hemos notado y determinamos que puede ser un satellite o avión. Después nos olvidamos de ello. Conozco como son los aviones, pero no se desplazan o destellan como lo hacían estas lucecitas. Por breves momentos su luz se intensificaba, luego se debilitaba o se apagaba del todo. Fué un alivio saber que otros los veían cuando se los señalaba, y así aseguraba que no era un truco óptico. Las reacciones mas comunes para explicarlos incluían que eran satelites, globos climáticos, o estrellas fugaces. Mientras mas me proponía ignorarlos, mas notaba estos luceros dirigíendose en multiples direcciones, diferentes a los rutas típicas de aviones o satelites.

Media hora despues de cenar durante una tarde como cualquier otra, hacía ejercicios y despues me tendía al final de la entrada del hogar de mi madre. Miraba hacia arriba y observaba las estrellas moviendose, pero se veían mas cerca de lo usual. ¿Por que sigo notando estas cosas? ¿Que son? Pensé que este objeto parecido a una estrella puede estar a muchos kilometros de aquí como lo puede estar a unos pocos miles de metros. Con el pensamiento le envié un mensaje, con verdadera intención de comunicarme con el objeto, "¿A donde vas y que estas haciendo?" Como encontraría las respuestas que busco si no hago las preguntas correctas? ¿Cuales son las contestaciones a las preguntas que persigo: ¿Quien soy? ¿Por que estoy aqui? Y continue elaborando, "¿Cual es mi proposito en esta Tierra, con todos mis destrezas, habilidades y sabiduria acumuladas hasta hoy? Me encantaría hacer una diferencia en este mundo para toda la humanidad y para el planeta. Hay muchos cambios ocurriendo y estoy listo y dispuesto a recibir su guía. Por favor, deme una señal". Pensé esto con toda mi alma y corazón. Despues de esa noche, no tenía expectativa alguna de que algo fuese a ocurrir. Y aun si ocurriera, ¿como lo sabria? Los siguientes meses revelarían mucho mas de lo que pudiese imaginar.

El 16 de Febrero del 2011, ví algo diferente a las usuales estrellas que había visto antes lentamente desplazarse en el firmamento. Hice una parada en Stamford, Connecticut en el estacionamiento de Cove Beach para disfrutar de un almuerzo. Sentado en mi vehiculo, estaba apunto de comenzar a comer cuando divise, a poca distancia hacia el norte, un objeto redondo lentamente hacia el brazo de mar llamado Long Island Sound, variando su altura mientras flotaba. Tenía un círculo grande con otro círculo mas pequeño adentro, rotando así como un giroscopio. Afortunadamente llevaba conmigo mi camara Nikon D90 con lente de zoom así que la utilicé para capturar algunas tomas. El objeto aparentaba cambiar su forma en el centro. Jamás había presenciado semejante cosa, y quedé atonito! Mientras se alejaba hacia el horizonte, súbitamente desapareció y un centenares de gansos volo detrás de su rastro. Y cuando pensé que ya no ocurriría nada mas, cayó una gran tormenta

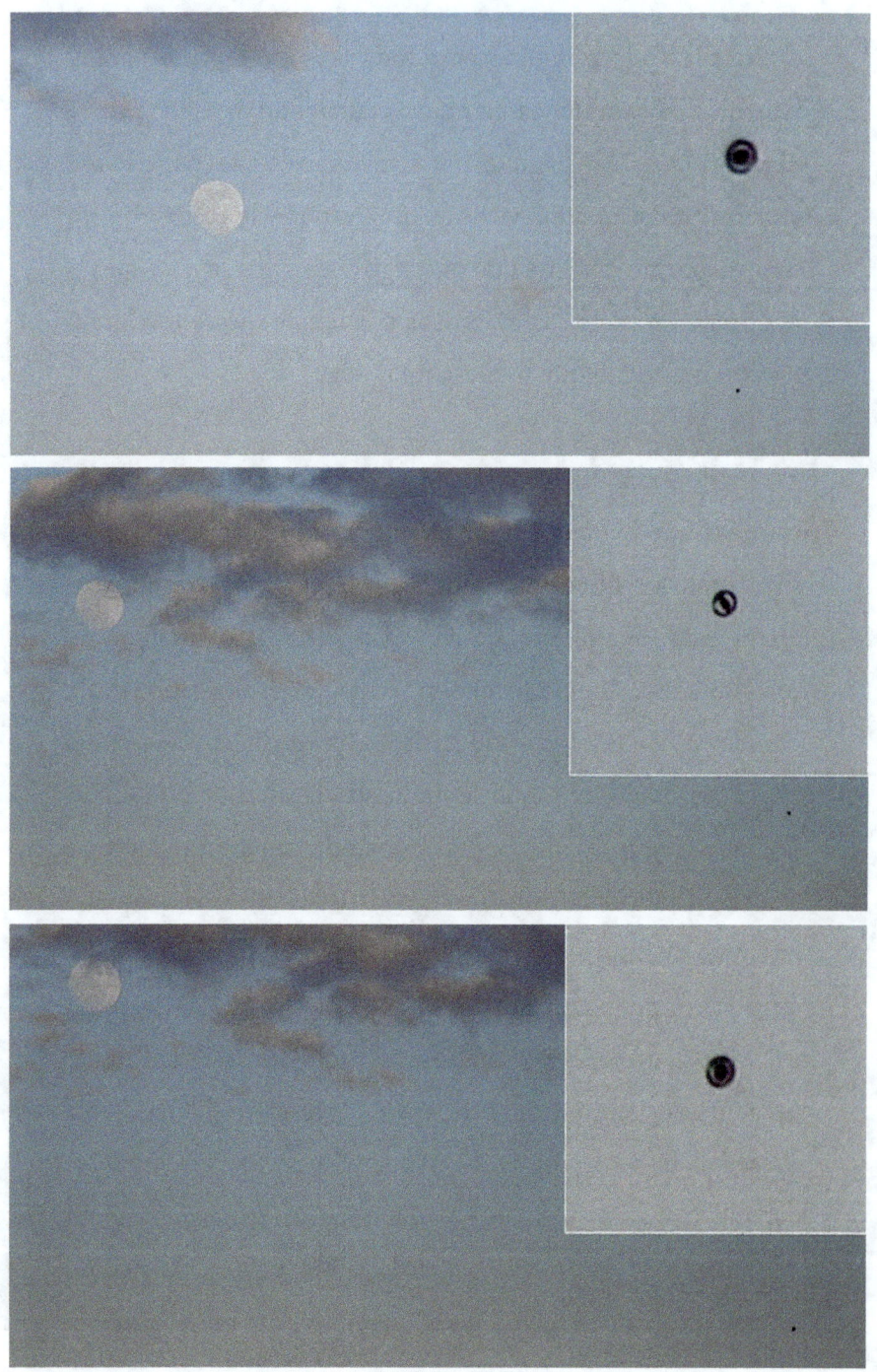

de granizos durante un día brillante y con pocas nubes. ¿De que se trataba esto? Arriba había un poco de neblina, pero el cielo era mayormente azul! Despues de lo ocurrido pasé por casa de mi buen amigo Zhibez. Vivía mas abajo en la misma calle y lo primero que dijo al verme fué, "¿Viste esos granizos que cayo hace poco?" Le contesté, "Claro que sí! Tienes que ver las fotos que tome justo antes de que comenzara... míralas!" Le mostré las fotos en la pantalla digital. Estaba tan aturdido como yo. Ambos sabíamos que el mundo estaba cambiando, en continuo movimiento, desarrollo, y evolución. Nos recordamos mutuamente estar listo para todo y que a ambos tambien nos toca evolucionar. ¿Quien sabe que mas pueda ocurrir? Tenía que compartir estas fotos en las redes sociales para ver lo que otros opinaban. Algunos reclaman que las fotos estaban alteradas o retocadas con Photoshop pero aun guardo las originales. Y seguramente otros presenciaron lo que vimos aquel día.

Durante esta misma epoca, conocí la iglesia Luterana de Norwalk a través de su pastor, quien era tambien lanzador en el equipo de softball donde ambos jugabamos. Comencí a participar con la congregación de St. Peter's Lutheran Church con regularidad y me sentí bendecido de sentarme con el pastor y su familia durante los servicios. Muchos de mis amigos y ex-profesores tambien eran miembros de esta iglesia! Todos fueron genuinamente bondadosos y caritativos, y le impartían a la iglesia una energía positiva que me atraía. Sentí que establecía vínculos espirituales muy fuertes allí. Quizás tambíen haga conexiones espirituales con las cosas que había presenciado recientemente. Pero lo mas notable fué que el pastor Beinke y su familia me apoyaron durante esos tiempos dificiles y siempre estaban dispuestos a ayudarme, a escucharme con el corazón abierto.

Durante la tarde del 18 de Marzo del 2011, los Beinke me invitaron a ver una pelicula y felizmente acepté. Era el clasico del cine La Gran Carrera (The Great Race). Terminó poco antes de las diez de la noche y me preparé para partir. Caminando hacia mi automovil sientiendo la acostumbrada satisfacción despues de disfrutar de la pelicula, oí algo que sonaba como una luz de bengala. Ffpphtttphhffffphhttfftfttphhff. Miré hacia arriba y ví una bola de fuego ardiendo color ambar apenas rozando el tope de los arboles. Se dirigía en dirección a mi, y al desacelerar sobre mi cabeja hizo un giro a la derecha seguido de otro a la izquierda antes de continuar en linea recta. "¿Que rayos es eso?" me pregunte. Pense regresar a la casa para contarle a los Beinke de lo que fuí testigo pero no tenía pruebas o evidencia que mostrales. No compartí este evento y me fuí a casa asombrado.

Ese globo ardiente despertó mi interes en investigar si habían otros casos parecidos. Ingresé a foros en linea sobre OVNIs para platicar sobre estos objetos extranos, y aúnque compartí mis fotos hubo miembros del foro que no aceptaron mi relato. En uno de estos foros, alguien me contacto para compartir información y experiencias. Estaba realmente interesado asi que nos hemos mantenido en contacto a través de las redes sociales. Platicando con estas personas me dió la tranquilidad y confianza para persistir en mi busqueda de respuestas. Despues de todo, seguía viendo cada noche mas de estas misteriosas estrellas derivando cada noche, asi que tenía que continuar.

Solo cuatro días despues de presenciar esta esfera en llamas, el 22 de Marzo del 2011, estaba con unos amigos en Stamford y, por supuesto, les tuve que contar sobre esos objetos voladores. Quería ver como reaccionaban. Cuando uno no ha visto algo con sus propios ojos, es muy dificil visualizarlo y determinar lo que es. Ellos opinaron que siempre y cuando no hay amenaza o peligro, todo esta bien. Amor y respeto por todo lo que existe en la creación! Me dieron esperanza de que no tenía por que preocuparme y que aceptara lo que me estaba ocurriendo (si es que algo verdaderamente estaba ocurriendo!)

Partí a casa como a las once de esa noche. Llegué a Danbury, entrando a mi calle justo antes de la medianoche. Las estrellas estaban bellisimas esa noche. Había una mas brillante de lo usual y parecía que descendía. Quizas era una ilusion del carro bajando la cuesta, así que estacioné y me bajé para asegurarme. Efectivamente, estaba bajando muy silenciosa y suavemente. No podia discernír que tan lejos o cercana estaba. Rápidamente, prendí y apagué las luces de mi auto para intentar comunicarme con ella.

Todavía fuera del vehículo, utilicé mi mano para alumbrar intermitentemente, Uno… Dos… Tres… cuando repentínamente whhhooophhffff! La estrella bajo del cielo y su luz se disipó sin sonido. Se colocó suavemente a unos dos cientos pies de mi al mismo nivel de la vista. Era una nave esférica del tamaño de un carro compacto, simplemente flotando ahí. El metal aparentaba ser muy liviano tan avanzado que ni las peliculas de ciencia ficción podian replicarlo. ¿O si podrian? Honestamente desconocía que tipo de tecnología era. Jamás había visto cosa parecida en mi vida, y probablemente jamás volvería a verla! "¿Esto verdaderamente me ocurre, esto es real, verdad?" Me pellizqué y me di bofetadas para confirmar. "Si, definitivamente estoy despierto." Acabó de guiar por cuarenta y cinco minutos y esto no es una alucinación. Este objeto extremadamente avanzado comenzó a rotar lentamente para voltear a verme. Una ventana ovalada con una luz azúl que emanaba de ella apareció, revelando un ser que volaba esta nave. Lo que aparentaban ser dos brazos, un cuerpo delgado y una cabeza ligeramente grande – quizas era un casco—aparecío. Nos miramos por un Segundo. Pense, "¿Que hago ahora?" Miles de preguntas rondaron por mi mente sin saber cual era el major abordaje a esta situación. ¿Te maginas? Estas parado en la calle a la medianoche junto a tu vehículo, y esta cosa comienza a flotar ante ti. No puedes gritar para que otros llamen a las autoridades porque esta cosa desaparecerá antes de que te puedan oir. Esta era mi última oportunidad para comunicarme con este ser increíblemente superior. Mi mente buscaba la major opcíon. "¿Me inclinaré en reverencia? No no quiero aparentar que me rindo o dar la impresión de que soy insignificante. ¿Levanto las manos? ¿Salgo corriendo? ¿Corro hacia él?" Finalmente decidí que tenía que hacer algo así que le apunté directamente con mi dedo indice diciendo, "Te veo… te veo… te veo…" Una vez dije eso, lentamente levantó vuelo sobre una casa, navegando con cuidado entre los patios de las demas casa, y llego hasta la próxima calle. Pude echarle un último vistazo a este objeto y el ser que lo piloteaba. Sus brazos eran un poco mas largos que los de un ser humano y era definitivamente esbelto de cuerpo. La nave en si tenía un diseño de metal simple y sin marcas.

Pensé seguirle pero no quería provocar mas interacciones, pues podría ser problemático; definitivamente no quería que me raptaran. Asi que retorné a mi auto y manejé mas alla de mi hogar. No quería que supiesen exactamente donde vivía! Como era un ser tan avanzado, probablemente ya conocía mucho mas que eso sobre mi. Todavía vivía con mi madre y abuela. Finalment estacioné en mi casa y noté que la luz del cuarto de mi mama todavía estaba encendida. Le pude contar lo que me sucedió. Le dije que ví un OVNI bajo del cielo frente a mi. Salío de la cama donde estaba leyendo y me pregutó, "¿Donde?" tan emocionada como si hubiese traído un cachorro a la casa. Con sarcasmo, le dije, "Te estan esperando afuera. Les dije que ya sales." "No, ya se fueron pero fue precisamente en frente mio en la calle y nos miramos!" Ella ya conocía sobre mis otras experiencias y lo único que me pudo decir era que son un tipo de angeles intentando darme un mensaje. ¿Que mensaje podria ser? Pedí una señal cuando primero me tope con las estrellas en movimiento, y especificamente pedí ayuda, pero podría ser esto lo que ocurrio? Quizás era una forma de decirme que se estan acercando y eventualmente se presentarían. No sabía que esperar o que ocurriría despues. Es una sensación extraña saber que uno se ha convertido en blanco. ¿Por que me ocurría esto?

Mi mente estaba distraída y turbada por las cosas raras que había presenciado. Me aterraba la idea de que podían estarme siguiendo y posiblemente secuestrarme. Intenté mantenerme saludable y enfocado en mi trabajo como diseñador grafico en Norwalk. Tanto me abrumaba que tuve que informarle a mi gerente, Shay, sobre lo que me ocurrió en caso de que faltara al trabajo. Ecepto que seria la única razon, asi que no habrían sorpresas. Me preguntó si quería tomarme un tiempo libre pero le dije que era mejor si permanecía ocupado y el trabajo ayudaba a reestructurar mis pensamientos.

Durante una noche con colegas en South Norwalk, Connecticut, fuímos a una barra a pintar y beber. El tema y las instrucciones para la velada estaban en torno a una sirena reposando sobre una piedra rodeada de agua tranquila bajo la luna. En vez de una sirena, pinté un dragon, todo negro y sosteniendo una bola de cristál. Detrás de el había una luna nitida. En la esquina superior derecha dibujé mi interpretación del fenómeno OVNI esférico como un recordatorio para mi y un mensaje para los demás sobre lo que vi.

Habian días donde algunos sugería que no debería compartir mis experiencias con otros ya que estos podrían pensar que estaba loco. Entiendo que es algo dificíl de creer, pero la

verdad a veces es fuerte. Estos objetos sin identificar estaban continuamente en mi mente, y ¿que significaba todo esto? Estas observaciones extrañas sucedieron multiples veces en poco tiempo, y cada vez se acercaban mas. ¿Cuanto se aproximarian la siguiente vez? ¿Habría una siguiente vez? Necesitaría mejor equipo para captar fotos y video. Por un tiempo, resistía la dependencia de los teléfonos celulares pues notaba como distraían a las personas, particularmente aquellos de mi misma edad. Si algo me ocurriría, al menos los demás me conocían como el tipo que estaba viendo extraterrestres. Sin embargo, prefiero darles mas respeto y crédito a esta raza denominandolos Seres Avanzados. Quien sabe si son los mismos angeles o santos que aparecen a traves de los records de arte y de la historia. Sea lo que sean, aparentaban ser pacíficos y altamente inteligentes por su tecnología extremadamente avanzada. ¿Quien no quisiera volar en uno de sus aparatos? No podía quedarme callado ante algo tan fuera de este mundo, algo que verdaderamente existía entre nosotros. La gente tiene el derecho de saber, y yo soy un testigo.

Pasaron semanas cuando me topé con un artículo de una pareja del noroeste de los Estados Unidos que describió estas estrellas del mismo modo que yo las había visto. Notaron una cuando manejaban rumbo a casa y notaron la forma atípica que se movia en dirección a ellos. Parecía que los seguía pero luego se olvidaron y llegaron a su hogar. Esa misma noche, el esposo oyó que tocaban la puerta y cuando fue a abrirla ahí estaban estas criaturas alargadas que le dijeron telepáticamente que no tuviese miedo y que fuera con ellos. El respondió que quería notificarle a su esposa, pero cuando se volteó a decirle uno de ellos le tocó la mano y perdió el conocimiento. Un instante despues despertó junto a su mujer como si todo hubiese sido un sueño. La esposa no se percató que el estuvo fuera por casi todo la noche. Lo que desglosé de este relato es que la pareja fue seguida a su casa y que esos seres se llevaron al hombre, o incluso a ambos.

Parecía que yo era el único que percibía a estas estrellas, ¿podría ser que me siguiesen? Me volví mas paranoico y asustado de ser raptado. Sin saber donde podría obtener mas información sobre estas estrellas y objetos voladores, decidí prepararme por si en alguna ocasión tuviese contacto directo con estos seres. Tenía el presentimiento, algo así como un cosquilleo en la cabeza, cada vez que pasaban volando, obligándome a permanecer en un constante estado de alerta por si se acercaban. Algo asi como una palmada en el hombre que indicaba, "Oye, mira." Pensé en como me comunicaría con ellos. Explore el alfabeto de Sumaria y aprendí algunas palabras básicas. Siendo una de las lenguas mas antiguas del mundo, quizás utilizarían algo parecido para comunicarse. Por ejemplo, en Sumario el planeta Tierra se llama Kia, como el auto.

Durante una noche cristalina, cinco semanas después de mi último encuentro, a fines de Abril del 2011, caminaba a mi auto en el estacionamiento de una bolero en Fairfield, Connecticut (pertenecía a una liga que jugaba los martes) y vi una de esas brillantes estrellas desplazándose desde el Este! Este astro era un poco mas brillante que las demás estrellas en el cielo, o sea que podria estar mucho mas cerca a la Tierra. Por mi experiencia, ya sabía lo que era. En un intento de comunicarme con la estrella, tranquílamente proyecte mis pensameintos hacia ella, "Oye, te veo. ¿A donde vas?" No hubo respuesta. Sin mas que hacer entre a mi carro para retornar a mi casa en Danbury. Después de diez minutos, manejando por el Merritt Parkway, vi a mi izquierda lo que parecía ser la misma estrella! La misma luz, velocidad, y dirección. Desaceleré para apreciarla mejor y si, era la misma. Mi primer pensamiento fue, "Dios mío, me va seguir a la casa?" Decidí tomar otra ruta para confirmar que no me seguía, y quizás burlarla para que creyera que iba a otro sitio. Me perdí y tuve que utilizar el GPS para llegar a casa con una hora de atraso. Poco antes de llegar al garage tuve el impulse de mirar arriba y allí estaba la misma estrella de antes! El mismo fulgor, altura, y velocidad pasando sobre mi. Se me aguaron los ojos de la emoción, ya que en mi interior presentía que esta era la señal que anhelaba. Recordé la historia de la pareja que fue seguida a su casa y del señor que fue llevado para luego despertar en su cama la mañana siguiente. Pero yo no estaba listo para ir. Me aterrorizaba la idea de que este fuese el momento. Estas observaciones tan consecutivas no ocurrían normalmente.

Al entrar a casa les conté a mi madre y mi abuela que fui perseguido por una de esas estrellas que les había contado durante los últimos meses. Les dije, "Si alguien toca la puerta dejen que yo conteste, o si no me encuentran mañana sabran por que." Mi madre bromeo, "Con tal de que dejen cinco millones de dolares es un buen trato." No me gusto su comentario y así se lo communiqué. Entonces replicó riendose, "Bien, entonces que sean quinientos millones." "Esto es en serio!", le grite. Ella contesto, "Y lo mio tambien." Mi madre y yo compartimos un extrano sentido del humor, pero en este caso no era bienvenido. Le pregunté a mi abuela de ochenta y cuatro años sobre nuestro lineaje húngaro. Acaso conocía alguna razón por la cual estos entes me seguian? Le pregunte, "¿Por que me ocurre esto? No estoy listo para partir." Con su fuerte acento hungaro me contesto, "No tienes que irte. Diles que quieres quedarte y se irán." Tenía razón. Que otra opción tenía? Estaba muy nervios y alterado.

Mi gato, Angel, estaba cerca para darme consuelo y asegurarse que estaba bien. Había sido mi mejor amigo por catorce anos. Era un gato atrigrado de pelo corto y pardo con franjas negras. Era mi amigo. Me seguía a todas partes y dormía en mi cuarto casi todas las noches. Antes, cuando regresaba del colegio en autobus, Angel me esperaba sobre una piedra en la esquina de mi calle. Habíamos tenido muchas experiencias a través de los anos y era un gato sin igual. Estoy seguro que presentía la preocupación y miedo que me agobiaban. Nada ocurrío esa noche pero por el resto de la semana tuve un sueño inquieto, así que dejé una luz prendida todas las noches para poder confirmar que todo estaba bien cada vez que despertaba. Sentía que me observaban. Era una paranoía total. Mis instintos me decían que algo iba a pasar.

Ese viernes, después de salir del trabajo a las 5:30pm, asistí a mi practica de softball en la playa de Norwalk. Algunos de mis compañeros de equipo sabían sobre las estrellas que me seguían y la forma en que estaba pendiente de detectar cualquier cosa fuera de lo usual. Yo estaba felíz de salir a compartir con un gran grupo de amigos y distraer la mente por un rato. Recuerdo que fue un día bello y con mucho viento, con el sol en el horizonte detrás de los muelles, brindándome una sensación de paz y serenidad mientras esperaba atrapar una bola elevada. Todavía tenía la impresion de ser vigilado, pero me propuse mantenerme enfocado y equilibrado para dar lo major de mi. Quería dar una buena impresión a estos seres avanzados, si es que estaban pendientes de mi para hacerme algo. Estaba exponiendo mi valor como ser humano.

Llegué al hogar esa tarde con el cuerpo molido por la intensidad del juego. Estaba exhausto fisíca y mentalmente por las experiencias de los últimos meses. El miedo y la ansiedad me desgastaban la salúd, y lo que más anhelaba era que todo retornara a la normalidad. Me dí una ducha caliente para después ir a la cama. Desde el fondo de mi ser intente enviar un mensaje a estos seres a quien temia. "Sea lo que sea que tienen que hacer por favor háganlo de una vez. Por favor no me lastimen o me aparten de este planeta y mi familia pues aun tengo mucho por lograr. No estoy listo para partir. Gracias por su clemencia." Estaba básicamente dándoles permiso a estos seres para hacer lo que quisieran pues ya había aguantado lo suficiente. Quería dejar a un lado toda esta tensión y preocupación. Me fui a dormir como si nada hubiese pasado. Lo único que quería era dormir!

No recuerdo haber soñado esa noche. Tampoco recuerdo voltearme o ir al baño. Tipicamente duermo de costado pero al despertar el sábado por la manana me encontraba boca arriba con los brazos a mis costados. Abri los ojos y miré el cielo raso. Al levantarme sentí el cuerpo adormecido, como si despertara despues de estar anestesiado. Moví el cuerpo mientras pensaba, "Wow, no he dormido así de bien en años!" Continué estirandome cuando noté manchas de sangre fresca sobre la almohada en el area donde recoste mi cabeza. Era una linea fina y recta de sangre de unas dos pulgadas de largo. Me toqué la cara, las orejas, y nariz buscando la fuente pero no la encontre. "¿De donde habra salido?", me pregunte, "¿Donde esta mi gato?" Angel normalmente estaba presente en mi alcoba por las mananas. No me sorprendí de ver la sangre. No tuve reacción ante estas pequeñas anormalidades. Me quedé pensando, "Debo levantarme." Me paré y caminé hacia el baño en un movimiento fluido como el que camina sobre el aire. Mientras me lavaba las manos note unas finas rayas verticales a ambos lados de mi rostro. Habían dos en mi frente, una en cada mejilla, y dos en el menton. ¿Que rayos eran? Tocándolas noté que las marcas estaban justo debajo de la piel. Daban la apariencia como si un tubo micrscopico, mas angosto que una aguja, hubiese dejado estos rastros. "Vamos a ver que opina mi madre," y salí a mostrarle. Estaba en la cocina donde le pregunté si podía ver las marcas.

"Si, veo lo que dices, mas o menos. Se ven un tanto descoloridas. Deberías tomarles una foto." Me gustó su sugerencia y prontamente encontré mi camara digital. "Reflauta, la bateria esta muerta!" Encontré la batería de repuesto y tomé dos fotos de mi cara muy de cerca, pero no podía captar las marcas. Se habían ido. Supongo que al moverme y acelerar la circulación de la sangre se disiparon. Esa era mi evidencia, pero no pude capturarla.

Ya que estaba alerta, hice un resumen mental de todo lo ocurrido desde el momento en que desperté hacía menos de diez minutos. Pense, "¿Un momento, habrá ocurrido algo anoche?" Tomé un minuto para pensarlo bien. Sentado sobre mi cama repasé cada paso. "Un sueño inusualmente fantastico, la sangre sobre mi almohada y la ausencia de mi gato. Y esas extrañas rayas sobre mi rostro. Algo debió de haber pasado." En ese momento Angel entró a mi alcoba con cara de preocupado. Colocó una pata sobre mi pierna y con la otra me dío suaves toques en la cara, maullando de una manera diferente: MaaoOwWww! En todos estos años jamas había observado este comportamiento. Si tuviera que adivinar, diría que estaba viendo que ocurrío y asegurandose de que yo estuviese bien. Pero este comportamiento era muy inusual en el. Debío haber visto algo extraño, lo que significa que esos seres entraron a mi recamara y el lo presenció. Si pudiese hablar! Lo levanté y le dije, "Angel, soy Andre, estoy vivo y estoy bien. Gracias por contármelo." Lo coloqué en el suelo y noté su expressión curiosa, como si estuviera cerciorándose de que yo estaba bien.

No recordaba lo que ocurrió durante la noche mientras dormía. Quizás trabajaron sobre mi en la cama, lo que explicaría la misteriosa mancha de sangre en mi almohada. Me pregunté, "¿Bueno, y ahora que?" No estaba alterado ni disparatado sobre lo ocurrido, pero si reconocí que me sentía muy agradecido de estar respirando y con vida. No tenía idea de que me hicieron exactamente pero agradecí a estas fuerzas avanzadas de no hacerme daño. Despues de unos minutos noté un cambio en como me sentía; no tenia miedo ni paranoia. Sentí que había un proposito para mi que necesitaba fortalecer mi mente y cuerpo para cumplirlo. Sea lo que fuese lo que debía hacer para llegar a esa excelencia, lo iba a lograr. No había nada que pudiese interferir con mi propósito y desarrollo; ni el miedo, la duda, o la depresión se interpondrían. Sentí una mejora y transformación debe llevarse a cabo y que los metodos existían para el que los quisiera aprovechar. Este era el tiempo de tomar esos pasos valientes y dificiles para desarrollar la fuerza y voluntad y encontrar el camino que debiese tomar. Para preparame para lo que viniera.

Pasaron un par de días y descubrí nuevas marcas en el cuerpo. Mientras me lavaba la cara sentí en ambas sienes lo que parecían ampollas o espinillas, pero no eran eso exactamente. Estaban bajo una capa de piel y algo me decía que no debia molestarlas. Mas adelante mientras me duchaba, encontre una tercera roncha idéntica a las anteriors en el centro de mi pubis. Estas anomalías estaban en areas muy importantes del cuerpo. Presumí que lo que colocaron en mi la otra noche iba a salir poco a poco. Estas marcas se pueden apreciar en el video que grabe meses despues de la visita, y permanecieron como cicatrices por un año adicional.

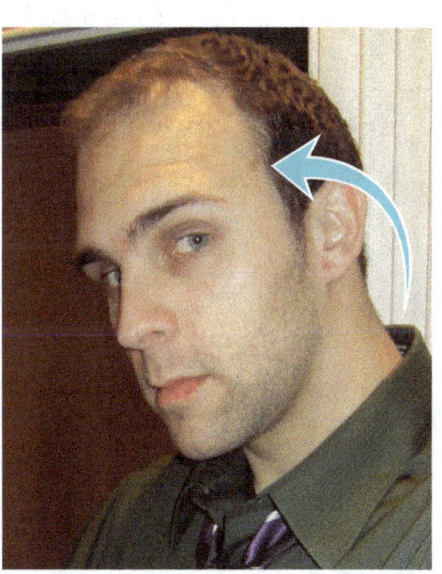

Abril 2011 - Antes de la visitas   Deciembre 2011

A partir de esa noche, aparte del trabajo, todos mis pensamientos, metas, y deberes se transformaron de un

"¿Qué hay allá y quien me sigue?" a "¿Por qué hablo y camino de la forma que lo hago?" Observe como otros se desplazaban por la Tierra de manera unica y peculiar. Todo es por diseño, y cada persona es el creador/a de la forma en que son diseñados. Lo que han aprendido y como se han adaptado a su crianza y entorno. Al reflexionar sobre quien soy y donde me encuentro en este punto de mi vida, me pregunté, "¿Como puedo mejorar el funcionamiento de mi cuerpo?" Al estar mas alerta de mi entorno y las posibilidades que me eran accesibles, mi mente se llenaba de preguntas y sin proponérmelo iba absorbiendo toda la información que me rodeaba. Analizaba el presente estado de la civilización, como su infraestructura, tecnología, ecología, agricultura, medicina, sociología, etc. Era como si estuviese recolectando datos para estos seres avanzados, quienes utilizaban mis ojos y cuerpo para observar el mundo. Muchos de los conceptos me eran familiares asi que para que necesitaba cuestionarlos ahora? Sentía que uno de esos seres estaba conectado a mi mente y cuerpo, mejorando mi desempeño y mostrandome de que era capaz. El costo de esto fué que mi cuerpo se convirtio en algo asi como un satélite o guía para transmitir información sobre el planeta y las interacciones que vivía. Comenzaba a sospechar que todos eramos observados, como si fuésemos parte de un gran experimento científico.

Estudiaban cuanto habíamos evolucionado y hasta donde habíamos llegado concientemente.

Me levantaba a las siete de la mañana y me acostaba a las diez de la noche. No requería reloj despertador y dejaba todo listo desde la noche anterior. Al abrir los ojos, estaba atento y dispuesto como si fuese día festivo todos los días. No tenía titudbeos ni procrastinaba. Percibí una conexión como si fuese impulsado, motivado como maquina o avatar, y persistío asi por los próximos tres años. No padecí de jaquecas o enfermedades, casi no tenía alergías y mi asma estaba bajo control.

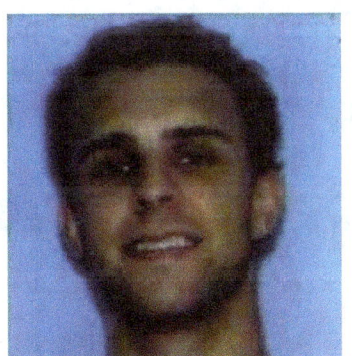 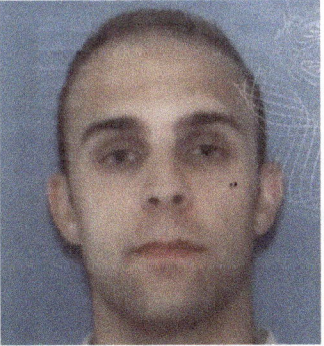

Despues de la visita, como pueden ver el cambio dramticamente de mi cara.

Mi cuerpo iba en flujo y no resistí, aun si asi lo quisiera. Era como estar en un avión con piloto automático y tan solo divisaba desde la cabina de vuelo. Estaba en la nave pero había algo mas poderoso en control. Como mis miedos se habían disipado, confié en que era llevado a una jornada con un propósito elevado, pero sin saber cual era ese fin. Estaba totalmente enfocado en mi prioridades inmediatas. Mis rutinas diarias se hicieron mas eficientes, incluyendo mis prácticas de salud e higiene, al igual que la meditación.

Al ducharme no desperdiciaba tiempo. Me enjuagaba de pies a cabeza antes de secarme con una toalla. Hay algo especial cuando uno está moviendo y cargando la energía del cuerpo en esta tarea, y repetía la acción exactamente igual todas las veces. Utilizaba el hilo dental todas las noches, mirándome a los ojos con detenimiento, sintiendo que algo me devolvía la mirada. "Te veo", le decía. Sentía que los seres absorbían todos los instantes de mi vida, las reuniones, interacciones o situaciones en las que me desenvolvía, y toda la información a través de mi cuerpo y sentidos.

Deseaba aprender mucho mas. Desde esta nueva perspectiva, me di cuenta de lo atrasado que estaba en cuanto a donde mi cuerpo y mente debiesen estar: un cuerpo mucho mas capáz del que yo, Andre, estaba utilizando. Necesitaba mejorar todas las areas de mi vida que maximizaban quien soy y por que me encuentro aquí ahora. ¿Por que estamos aqui ahora? Despues de todo, esa fue mi primera exhortación a estos "seres siderales".

Recuerdo toparme con amigos del colegio que me invitaron a una fiesta en el area de Cove en Stamford. Mientras los demás platicaban y se divertían, yo no podía participar mucho mas allá de tomarme una cerveza y escuchar. Salí al patio iluminado con antorchas tipo Tiki. Miré al firmamento y pregunte, "¿Que se supone que haga aquí?" Mientras dirigiía estos pensamientos al aire, súbitamente apareció una de esas estrellas brillantes! Un amigo que me vió atisbando el cielo me pregunto, "¿Oye, Dre, que estas mirando?" Camino hasta donde yo me encontraba y miró hacia el cielo. Le dije, "Ahí está uno de esos astros…no espera, son dos! Los ves?" Se ajusto los lentes y dijo, "Ahí veo uno, y allá esta el otro. Wow, son tres. ¿Qué es eso?" "Esas son las estrellas que me persiguen. Me alegro que las puedas ver," le contesté. Alguien decía que es un satelite o estrella fugáz, haciendo las mismas conjeturas que hice yo la primera vez que las ví. Eran un total de cinco estrellas flotando sobre nosotros como abejas. Otros que salieron a ver quedaron atonitos, diciendo cosas como, "¿Qué diablos es eso?" Después pasó la novedad y todos comenzaron a bailar en el patio. En ese momento me percaté de que los seres querían ver cómo me desenvolvía con mis amigos, así como se interesaban por todas mis interacciones. Todo formaba parte de su recopilación de información y el analisis de la forma en que los humanos de mi edad actuabamos entre nosotros; lo que los seres humanos eramos, en lo que habíamos evolucionado, y hacia donde nos dirigíamos.

En muchas ocasiones me ruení con un grupo en un area de Stamford denominada Jahmrock. Aquí habían muchas personas sencillas, creativas, y espirituales. Era el sitio donde no me sentía juzgado ni ridiculizado por los demas. Reconocimos y aceptamos que todos provenimos de diferentes pasados y crianzas y no se hacían juicios acerca sobre raza sino sobre la 'vibración' que todos portamos. En realida era un amor compartido por la música lo que nos llevaba a Jahmrock, particularmente los domingos cuando disfrutabamos de una parrillada tipica Jamaiquina. Allí conocí a los hermanos Zhibez y Ralo, quienes construyeron sus propias estudio de grabación y estudios de sonido pues así se expresaban creativamente y dejaban su huella en el planeta. Al conectarme con estos seres superiores, sentí su admiración por este grupo de amigos, y con razon. Eran receptivos y honestos a la vez que honraban su conexión con lo mas tracendental.

En algunas de esas veladas en Jahmrock, pude mostrarle estas estrellas a los hermanos que seguramente también las veían. Intentabamos imaginar lo que eran. Como sentía una afinidad con estos seres, en particular con una de las estrellas, apunte a ella y pronuncié, "Miren como la luz de esa estrella se apaga," y justo en ese momento la luz desvaneció! "Wau!" Estaban perplejos por lo que vieron, pero yo los calmé diciendo, "Esperen, esperen…ya mismo regresa," y la luz reapareció y continuó su rumbo hacia el suroeste. Esto no le pasa a cualquiera, y ¿cuales son las posibilidades de que yo pudiese predecir semejantes acciones? Creo que era la conexión tan íntima que tenía con ellos que me permitió predecir los patrones de luz, y demostrales a mis amigos que yo no me inventé esto.

El primo de Zhibez, Groove, permanecía escéptico acerca de mis experiencias. Vino hacia mi y dijo con voz burlante, "Dre, tu no eres el 'escogido', por favor." Nunca afirme que lo era, y estoy bastante seguro que cientos de otros han pasado por lo mismo, aunque yo si pedí ayuda y dirección a estos seres celestiales. Estas personas eran amigos o conocidos míos desde antes de que comenzaran las visitas y notaron que no me comportaba de manera usual. Zhibez recordaba que a veces parecía atolondrado durante esos años. En realida, en vez de tener conversaciones convencionales me preoucupaban temas como las estrellas o seres superiores. Cada vez que me encontraba al aire libre mi atención se dirigia a los astros.

Pasaron cinco meses donde a diario me exigía aprender y realizar lo mas que pudiese. Llegué al punto donde me sentía listo para la próxima fase pero desconocía cual fuese. Mi padre llevaba años batallando contra el cancer y no sabíamos con certeza cuanto tiempo le quedaba. Era crítico que le dedicara el mayor tiempo posible a estar con él. Fué duro para mi padre entender mis experiencias, pero sabía que era sincero en lo que compartía con el. Acepto la idea que estos seres eran probablemente angeles que me vigilarian ya que el se iría pronto. Solicitó que les preguntara si podían hacer algo por él. Esa noche rogué por clemencia para que mi padre tuviese otra oportunidad, pero al día siguiente falleció.

Mi padre, Claude, fue mi mentor y mi modelo a seguir. Lo admiraba como él que se mira a si mismo en el futuro ya que soy su único hijo de sangre. El decía que la historia de nuestra familia era importante y significativa, y estoy de acuerdo. Nuestro linaje es de alto caracter moral y contiene tradiciones con integridad, igualdad, lealtad, y honor. Eso es lo que creía mi padre y son los estandares a los que aspiro emular. Entre nuestros ancestros se encuentran caballeros y protectores de Luis XIV, embajadores nombrados por Napoleon, líderes militares, al igual que vinateros y trabajadores de la industria de acero francesa. Claude fue un empresario frances impresionante e intimidador, y tuvo grandes expectativas de mí. Aúnque no entré en el mundo de los negocios, las leyes o la medicina como le hubiese gustado, intentaría desarrollar importantes logros a través del arte y la inovación (carreras que el creía eran 'muerta'). A todos nos llega el momento cuando es necesario enfrentar la realidad de perder a un ser querido. Siempre quise y admiré a mi padre, aúnque fué una persona fuerte y estricta, y era difícil complacerlo. La vida es un bien precioso y no debemos desperdiciarla. Que duro fue perder a un ser tan vital en mi vida. El era la 'brujula' de la familia. Por dentro sentía como si los seres avanzadas me asistían a sobrellevar la muerte de mi padre. Con todos los cambios recientes en mi vida, quedé algo asi como adormecido.

La epoca navideña agudizó mi falta de sentimientos tristes o alegres. Mientras mi hermana Claudia y yo disponíamos de los documentos y fotografías de mi padre, mis emociones parecían opacadas. Internamente coloqué todo el dolor y tristez en un compartimiento de mi ser para así poder seguir adelante, pero mantuve todos los recuerdos gratos y lecciones que me impartío. Aprendiendo de él y lo que me brindó, poco a poco vislumbraba el hombre que pronto sería.

Poco despues de fallecer mi padre, mi madre me contó que la banda elástica que amarraba un juego de naipes se rompió, tumbando todos los cuadros de una tablilla excepto por la foto de mi padre y yo cuando era un niño. Todas las cartas cayeron boca abajo con la excepción de una. El as de corazones. Esta carta representa la sanación continua a traves del amor. No tenía idea en ese entonces de lo que podía significar y lo tomé como una señal positiva de que mi padre aún estaba pendiente de nostros.

No fue fácil liriar con esta perdida, despues de todo lo que me había ocurrido durante el año. ¿Por que todo ocurría ahora? A principios de año tomé las riendas de mi vida, pero luego todo se vino abajo. Lo único que permanecía de mi era el cascaron vacío de mi cuerpo físico. La angustia que sentía era paralizante, pero con la conexión que tenía con los seres siderales pude mantenerme firme durante este momento tan difícil. Afortunadamente contaba con un gran grupo de apoyo como el pastor y su familia, mis colegas del trabajo, mis compañeros de equipo, y los chicos de Jahmrock. Me ayudaron a mantenerme emocionalmente fuerte. También fue de gran ayuda el trabajo que adoro; era el único sitio donde me enfocaba lo suficiente en otras cosas para no pensar en mis problemas. Mis habilidades en diseño crecían rápidamente. Fue muy emocionante tener esta oportunidad. Al ver mi trabajo desplegado en dos de los centros de convenciones mas grandes del país, siento un agradecimiento humilde por las bendiciones que he recibido en esta vida. El reconocer mis fortalezas me permitió tener el enfoque y visión para avanzar hacia mis metas y sueños, y los mas importante aun: proposito!

Estaba inquieto, reflexionando de manera profunda. Con mi itinerario de trabajo establecido, creé un calendario de actividades diarias llenando cada espacio libre con actividades que mas requería. Esta energía y determinación que me impulsaban no se sentian como si fuesen cien por ciento mía. Algo me empujaba a esforzarme con mayor fuerza y concentración, sea actividades de movimiento como caminar o correr, o haciendo ejercicios con mayor intención, cuidado, y precisión.

Por las tardes al regresar a casa del trabajo yo preparaba una pasta o ensalada mientras veia televisión o practicaba húngaro con mi madre y abuela. Después hacía calistenia en la entrada del garage ocasionalmente divisando una estrella flotante a la cual le transmitía mi gratitude por este enérgico enfoque que antes carecía. Era hora de desplegar este nivel de antención y motivación de trabajo a areas de mi vida que requerian mayor atención.

Siempre he practicado el deporte pero siempre por debajo de mi potencial, y el gimnasio no me brindaba el reto que necesitaba. En las redes sociales reconocí a un antiguo compañero de clases a quien conocía de lejos. Tiene muchos nombres pero voy a llamarlo Tres-Sesenta en este relato. Iniciaba una companía de entrenamiento físico asi que me puse en contact con él. Fue el momento perfecto. Él notó mi motivación y energía, y en pronto tiempo fue testigo de mi inagotable empuje. Yo no tenía opción, estaba siendo dirigido en esa dirección. Parecia como si los seres avanzados me hubiesen guiado a este joven alto, vibrante, y atlético. Comenzamos entrenando varios días a la semana a las seis de la mañana, lo que me daba tiempo para despues bañarme y asistir al trabajo. Esa determinación me impulsaba día a día a cosechar mas logros dentro y fuera del trabajo.

Tres-Sesenta me animaba para llegar a niveles jamás antes contemplados. Él era algo así como un comandante y yo su soldado raso. Compartimos muchas charlas sobre la vida y los seres humanos. Este hombre me transformó fisicamente a la vez que compartía su conocimiento y sabiduría conmigo.

"Existe el numero tres en muchas cosas y todo da vuelta hasta su origen." Por eso es que lo llamaban Tres-Sesenta. El me enseño que debemos aceptar en vez de tener expectativas. Es mas fácil querer a otros cuando los aceptamos tal y como son. Este consejo me abrió los ojos a lo importante que es la intención cuando interactuamos con otros. Lo seres humanos cometen errores y a menudo su comportamiento no concuerda con lo que esperamos de ellos. Al aceptarlos obtenemos mayor entendimiento sobre ellos. No es que debamos tolerar a aquellos cuyo comportamiento es inmorál o cruél. Es aceptar que las decisiones que cada individuo toma sobre su vida son de ellos, no de uno.

A mi nuevo calendario de actividades faltaba sumarle los fines de semana. Recorde que hacia unos años entretuve la idea de aprender a volar aeroplanos. Me habia mudado al lado de un aeropuerto y me intrigaba la idea de pilotear una nave aerea. Uno de mis antepasados, Frederick d'Esterno, publico un folleto sobre el vuelo de las aves que tuvo gran impacto en el futuro de la aviacion. Estaba en mi sangre tomar clases de piloto asi que no titubie. Como siempre, esto lo hice con el empuje y la direccion de estos seres superiores, pues dificilmente hubiera emprendido este proyecto por mi cuenta. Antes de ese momento no me hubiese imaginado aprender a volar, pero en mi ser habia un inmenso deseo de obtener esta informacion que era vital para mi beneficio y crecimiento como ser humano. Era una prueba para ver de lo que era capaz? Una hora de instrucción cada quince dias, y tomando clases de aviación, me senti muy comodo en

En el momento de aterrizar despues de mi clase
en el Aeropuerto KDXR Danbury con (Arrow Aviation)

este nuevo derrotero. Cliff, mi instructor de vuelo, me dijo que en diez horas aprendi lo que normalmente toma treinta. Jamas olvidare su expresion cuando mi primer aterrizaje fue perfecto. Yo tambien estaba impresionado, pero a la vez senti como si no fuera la primera vez que lo hiciera.

Pasaron meses sin ver a los seres superiores, y cada dia era mas eficiente en mis actividades y tareas. Una noche en cama, en vez de ver los acostumbrados muebles y adornos de mi cuarto, vi una burbuja brillante del tamano de un pelota de futbol. Era algo organico y liquido como una burbuja de jabón con otras pequeñas burbujas flotando a su alrededor. Todo este sistema flotaba al lado de mi cadera izquierda, pero no sabía exactamente lo que era. Traté de tocarlo pero todo mi cuerpo estaba paralizado. Mis ojos se iban adaptando a la oscuridad cuando noté la silueta de una figura al lado mio, haciendo rapidos movimientos de manos sobre mis caderas y abdomen. "¿Que es esto? ¿Quien eres?", intente decir, pero no podia emitir sonido. "¿Puedo confiar en esto? ¿Que esta sucediendo?" Esto no era un sueño y tenía que salir de ahí. En mi mente comencé a grunír internamente, incrementando el volumen, cuando la burbuja explotó y se apagó. Luego la figura se puso de pie y teleportó fuera de la alcoba, Sswwffff! Tan pronto desapareció la figura, me ergui en la cama y me dije, " Wow, eso acaba de ocurrir, no fué un sueño! No puede ser!"

Ahora no sabía si estuve mal al interrumpir este contacto. Caramba. Tán solo quería comunicarme para entender por que me sucedía esto. Después de todo es mi cuerpo físico y tengo derecho a saber que le ocurre.

Mi propio médico no podía creer los eventos que viví ese año. Me preguntó si tenía pruebas. Dentistas habían dicho que mis dientes estaban desgastados por yo rechinarlos que parecían los de un hombre de ochenta años, pero mi medio no pudo confirmar que la condición de mi dentadura estuviese involucrada de alguna manera. Además del video donde narraba mis experiencias, no había forma de predecir el próximo contacto y estar preparado para captarlo en video. Debiera ser reconocido como un ser humano honesto, quien relata de manera verdadera sus experiencias para entender porqué me ocurre esto, y qué cambió en mi cuerpo, si algun objeto fue implantado en él, o si hubo otro cambio físico. Tan solo hay un pequeño grano en mi fundillo con gran sensibilidad – como cuando uno se corta con papel.

El doctor me refirió a un psiquiatra, y despues de cuarenta y cinco minutos detallandole mi historia completa, lo único que me ofreció fue un corrientazo y ponerme en un regimen de medicinas, lo que obviamente rechazé. Pero aun, tuve que pagar los US$125 de mi propio bolsillo pues el seguro no lo cubría. Fue difícil conseguir ayuda professional pues todo esta experiencia es muy extraña y personal, y se que no estoy loco. Al contrario, estoy nitido, saludable, honesto, respetuoso y pensativo como siempre he sido. Para casos como este, no hay forma de obtener ayuda profesional. Lo único que hay que hacer es aprender lo mas que pueda y mejorar mi vida en todos los aspectos.

No soy el mismo hombre de un año atras y por eso intento compartir mi relato con todos. Solo podemos imaginar o presumir que existe vida extraterrestre. ¿Estan buscándonos? Nadie lo sabe. Hablar sobre cosas como seres avanzados es la manera mas segura de que otros piensen que estas loco. Si hubiese filmado el momento en que la estrella brillante bajo a pocos metros de mi, o si me hubiera grabado mientras dormía, tendría toda la evidencia necesaria. Desafortunadamente no estaba preparado y lo que tengo como prueba es mi honestidad como persona cuerda y observadora. Mi gato Angel tambien fue testigo pero no puede mas que maullar!

Manteniéndome enfocado sobre mis tareas y oficios diarios my mis contactos con otros, me sentí entumecido cuando interactuaba con los demas. Descubri algo de evidencia sobre que los seres humanos representamos para el planeta asi como para nosotros mismos. Bromeaba con mis colegas del trabajo para amenizar el ambiente de la oficina. Tenia cierta impaciencia con partes en mi rutina cotidiana, como el trafico vehicular. Altere mi rutina para salir de casa mas temprano y asi poder manejar con sosiego. Pero como hay de conductores locos! He notado que la forma en que alguien conduce es un reflejo de su caracter. Con un poquito de paciencia y cortesia seria más tranquilo y seguro el conducir. Eso tambien incluye a los animales! A veces andamos distraidos y se nos olvida ser considerados con otros. Somos criaturas regidas por los habitos, y con el poder de la mente podemos romper los habitos dañinos. ¿Sera que el mundo digital y tecnologico nos ajena a nuestros estados naturales mentales?

Después de estas visitas deje de enfermarme y de sufrir jaquecas. Mis exámenes físicos anuales no variaron en tres años, testamento a la forma en que el ejercicio y dieta consistente ayuda dramáticamente. Logre mas en estos últimos tres años que en los diez anteriores. Pero un día desperté sintiéndome diferente. Normalmente me levantaba dispuesto a continuar con mis tareas diarias pero carecía de la misma energía, urgencia, y deseo que me empujaban y dirigían por los últimos tres años. Pense, "¿Caramba, ahora tengo que hacer todo eso yo solo?" Nuevamente era el piloto de mi propia nave, pero que ahora habían mas botones e indicadores. Seguía ejercitandome con Tres-Sesenta por las mañanas, tomando clases de salsa, estudiando alemán y español, visitando amistades, y estableciendome como artista gráfico y fotógrafo. Pensé que estos seres avanzados me mostraron el derrotero que buscaba, y era hora de que desmostrara que podía mantener el dominio y control de mi mismo sin estímulo externo. Hay una manera de estructurar cada hora del día para que cada minuto nos acerque a la meta que nos proponemos al dedicarle nuestra atención sin distracciones. Utilizando este método a diario uno eventualment avanza gran cantidad en tan solo un mes! Es increíble lo mucho que se puede lograr para mejorar nuestras vidas y el mundo sin embargo a veces nos desvían otras distracciones.

Por los tres años que siguieron la visita empleé mi mayor esfuerzo en mantener lo que otros llamarían un itinerario lleno. Me mude a un buen apartamento en Norwalk, Connecticut. El balcón del cuarto daba a los muelles que dan al Long Island Sound y el Parque de Veteranos donde anualmente se lleva a cabo el Festival de las Ostras. Me ví obligado a desistir de las clases de aviación para poder vivir allí. Estaba a cuatro minutos de mi trabajo en bicicleta, justo al lado del la playa, y mi situación no podía ser mas perfecta. Tenía el espacio para re-encontrarme, recuperando el sentido de la experiencia humana y el control de mis pensamientos y emociones sin ser guiado por fuerzas externas. Muestras de mi humanidad, como el reir o llorar, comenzaron a retornar. No había tenido mas experiencias directas con los seres superiores, pero de vez en cuando notaba las estrellas flotantes que aun estaban ahí. Las llamaba Annunaki o Pleyades. Era lo que mas se acercaba a una definición para ellas. Y la palabra Anu es la manera de decir abuela en húngaro.

Durante mi tiempo viviendo en Norwalk recordé algunas rarezas en el medioambiente. Un día llegue a casa después del trabajo y descansé en el balcón con vista a los muelles. Era un día bello y diáfano. Noté una lineas horizontales de vapor transparente creando un cuadrículo extendido en el cielo. Intenté fotografiarlo pero fue dificil ya que era prácticamente transparente.

Regresando al balcón unos cuarenta y cinco minutos despues note que el cuadriculo de vapor habia sido sustituido por la luna. Aparecío como si de la nada! En la segunda foto pueden apreciar la luna sobre el árbol en un día claro.

1. Linias de vapor presente acerca de la cinco de la mañana

2. La luna aperacio de repente y las linias de vapor se fumaron. 6pm.

Esa noche platicaba por teléfono desde el balcón con una amiga, explicandole los sucesos que presencie ese día. Mientras el hablaba ella, noté unas ondas u olas fluyendo por el aire desde un satélite a mi teléfono – algo que aparentaba datos digital de algun tipo. Estaban sincronizadas con lo que decía mi amiga. ¿Como puede ser que veía esto? ¿Había algun tipo de condición de humedad o condición atmosférica que me permitía ver ondas de sonido o datos en el aire? ¿Tenía alguna conexion con el cuadrículo de vapor que presencié antes? Ya no veía al mundo de la misma forma que antes de las visitas. Aparentemente hay mucho mas en este mundo que lo que aprendemos de libros de historia o lo que nos enseñaron. Nuestros ojos son incapaces de ver cada sonido, frecuencia u onda magnética. Tenemos que mantener la mente abierta a las ilimitadas tecnologías que puedan existir.

Después de un tiempo comencé a buscar una propiedad para compra en vez de seguir alquilando. Al ser comprador primerizo, era imposible competir con otros constructores e inversionistas. Pero después de dos años buscando los maravillosos vecinos de mi madre decidieron venderme su propiedad. Sabían que era el lugar perfecto para mi pues tenía a mi madre y abuela de vecinas y me permitía continuar cuidando la casa como se venía haciendo por años. Fue un reto manejar el sin fin de tareas requeridas para administrar un hogar además de las responsabilidades del trabajo. Poder comprar esa casa fue algo como de un cuento de hadas. Si tan solo fuese tan facil como soñaba. ¿Pero que otra opción tenia? Eso es lo que me disparó el destino y el significado que me indico el as de corazones.

En el 2006 cumplí un año en mi nuevo hogar, que estaba en el mismo vecindario donde viví la mitad de mi vida. Presentí que era el momento para hacer un cambio. Renuncié a mi trabajo regular para trabajar por mi cuenta como fotógrafo y diseñador. A la vez, quería escribir este relato para que otros pudiesen leerlo y confirmar que todo es cierto. Si has tenido alguna experiencia parecida sabras que no estas solo. Hay innumerables personas que quizás no hayan notado las vibraciones en el aire pero que han sufrido cambios repentinos en sus habitos, rutinas, atencion e intención, o que se le ha agudizado su conciencia.

Las distracciones cotidianas me envolvían; a veces dedicas tiempo a un trabajo para que el cliente luego no te pague, otras veces la policía te acusa de cosas que no has hecho. Fue mas dificil concentrarme pues mi atención estaba dispersa. Si tan solo los seres superiores regresaran a ayudarme.

Me preguntaba, "¿Que falta en todo lo que hago, o la falta de actividad?" Una noche caminaba y miraba las estrellas buscando mayor guía en mi vida. Me observaban silenciosas mientras les hablaba con mi mente. Había cupo en mi vida para un perro, y era un buen momento para criarlo y desarrollarlo. Los perros requieren estructura y consistencia, lo que me ayudaría a incorporar estas virtudes a mi propia vida. ¿Cuál es la mejor raza canina para mi? Me gustan los perros grandes y tienen que ser hipoalergénicos. Tambien activos y robustos. Hice una lista de mis razas favoritas:

pitbull, pastores, boxers, rottweilers. El deseo de adquirir una mascota se convirtío en plegaria: "Por favor, senores de los cielos permiteme encontrar un perro que sea buen protector y guía aquí en la tierra."

Casi dos semanas después, cerca de la medianoche, encontré un aviso de un amigo en las redes sociales buscando alguien para adopter un cachorro de raza mixta pitbully boxer. Gracias Shara! Habían nueve cachorros en la camada y adopté a una de las tres que mas me gusto!

La llame Bella-Rose porque era bella y le encantaba jugar con campanitas. Bella-Rose la Boxer-Bull de Bridgeport. Otro amigo me recomendó este nombre y anque es común era también muy apropiado.

El próximo paso era crear un calendario tomando en consideración a mi nueva mascota. Alimentación, ejercicio, y descanso. Era beneficioso para ambos las visitas matutinas al parque de perros. Iba aprendiendo sobre el comportamiento e instintos tanto de los perros como sus dueños. Jugando con ella me relajaba y en ese estado mental planeaba mi día. Noté rastros de algo asi como químicos en el cielo y pensaba, "Eso no parece normal."

A veces oía a otros en el parque discutir sobre la política y lo que veían en el noticiero que les generaba antipatía y odio contra ciertos políticos. Sentía como si una baja y densa frecuencia vibrante afectase a la poblacion. La cobertura de casi todos los noticieros presentaba a Donald J. Trump como un hombre vil, y me preguntaba por que eran tan denigrantes con él. Anteriormente hubo presidentes de los cuales todos dudabamos pero ninguno tan criticado ni ridiculizado como Trump. Me mantuve abierto a todos los puntos de vista sobre este tema. Un amigo mío muy leido en estos temas me instruyó sobre otras facetas del amplio mundo de las noticias, algo extremádamente complicado. Me hubiese gustado tener este conocimiento antes, pero quizás el mejor momento para aprender sobre este tema es ahora. Mi amigo Ritz lo describia como el presenciar la mejor película de la historia que podíamos apreciar en vivo. Era cierto que ocurrían cosas justo bajo nuestras narices y tras bastidores. Con encubrimientos y corrupción que la gran mayoría de ciudadanos no veía o se sentían impotentes ante la tiranía de los poderosos que dirigían el desarrollo del planeta. Comencé a tener acalorados debates con mi familia. Fue muy bueno tener a mi perra Bella conmigo para recordarme lo que es el amor y la compasión.

En enero del 2019 tuve fuertes dolores cerca del corazón y el asma volvió a agitarme. Era como si algo estuviera creciendo en mi corazón e irritando un nervio. Fuí al médico quien me recetó dos medicinas para el asma, una de las cuales me causaba efectos secundarios negativos. Investigué en la internet y estos efectos secundarios eran todos letales! Descontinué los medicamentos y me dediqué a curarme de manera sana y natural. Llevaba a Bella al parque a ejercitarse y luego regresabamos a casa. Cualquier movimiento me causaba dolor. No hacía ejercicio pues no estaba seguro si fuera a causar un infarto o trombosis. Varias visitas al médico, con rayos equis y pruebas sanguineas, no encontraron la cuasa. Los médicos decían que estaba en 'perfecto estado de salud'. Estaba perdiendo la fé en la rama médica. Después de todo, ellos no siempre conocen a fondo las medicinas que prescriben. "¿Que me ocurre ahora?" Lo único que se me ocurría era que los seres avanzados colocaron algo en mi al operarme. Ya no podía perder mas tiempo. Tenía que escribir este relato sobre la visitas de estos seres avanzados y lo que aprendí con ellos sobre motivación, dirección, y dedicación. Si algo me ocurriera nadie sabría mi historia. Tenía que alejarme de mi entorno para concentrarme, así que maneje con Bella hasta Miami por una semana durante el Otoño del 2019. Solo pude completar la introducción antes de tener que regresar a mis obligaciones. Las cuentas no cesaban, los ahorros mermaban y el estrés del drama y frustraciones del planeta continuaba creciendo.

Después de unas semanas el dolor de pecho fue tan grande que fuí a la sala de emergencias el diez y ocho de Octubre del 2019. El electrocardiograma mostraba un soplo en el corazón, y despues de varios rayos equis y pruebas de sangre, los médicos no sabian la causa. "Estas en perfecta salud," me dijo el medico. "¿Si estoy en perfecta salud, que hago aqui?", le contesté, "Hay algo que no esta bien." Su diagnóstico fue un pericarditis aguda, o sea una inflamacion de la recubierta del corazón. Me recetaron medicinas anti-inflamatorias y para el dolor, pero las rechazé por mi carencia de confianza en la medicina moderna. Decidí tomar mas curcuma, vitaminas, gingko biloba y aceite de CBD. Semanas mas tarde me di cuenta de que fuí a la sala de emergencia en la fecha de la muerte de mi padre. Era solo coincidencia o podria significar algo mas? A diario rezaba con la esperanza de que mis angeles o seres extraterrestres aun estuviesen escuchando. "Seres celestiales, les pido su ayuda y dirección. Por favor curen este dolor en mi pecho para continuar mi derrotero y poder completar este libro con sus enseñanzas para el mundo entero. Tengo un profundo aprecio y gratitud por todo lo que me enseñaron y agradezco el cambio que ha tomado mi vida." Estas oraciones surgían de lo profundo de mi ser. Sabía que tenía que ser paciente y respetar y cuidar mi cuerpo. Lo mas que podía hacer era caminar con Bella, estiramientos, y un poco de trabajo en el jardín. Un par de semanas mas tarde, durante una sesión de estiramiento en el jardin, abrí mi pecho hacia el cielo y sentí como si una aguja fuese removida de mi corazon. "¿Era eso algo bueno?" Procedí el resto del día moviendome con cautela, pero con mas facilidad y confortable que antes. Fue alrededor de esta epoca que un ex-colega me contacto para ofrecerme un proyecto grande en las convenciones donde antes trabajaba. Que sorpresa y bendición! Desperto en mi una creatividad que yacía adormecida mientras padecia del corazon.

Bella hizo amistad con otros dos perros 'labradoodle' en el parque: Jake y Charlie Brown. A Bella le encantan los perros grandes y mullidos. Eduardo se llamaba el hombre que los llevaba al parque. Entablé facil amistad con este afable y sereno italoamericano. ¿Haz conocido a alguien con energía pacifica y acogedora? Otros han dicho eso sobre mi, pero ahora por fín entiendo a que se referian. Platicabamos de todo juntos, desde nuestras vidas hasta los problemas del mundo sin perjuicio ni criticas. ¿No es así como debe ser siempre? Estamos tan a gusto en un sistema familiar que a veces olvidamos las verdaderas reglas de la humanidad que nos enseñaron los grandes de la historia, no tan solo Jesús, Buddha, y Allah sino todos con quien hemos establecido vínculo (A menos que algunos nos hemos desconectado? O reprogramado?) Este libro es un intento por compartir lo que he presenciado y aprendido, que a veces me hacia sentir como un avatar de lo divino, y para recordarnos de nuestra verdadera existencia de la cual nos hemos distanciado; nos ahogamos en dispositivos electrónicos y pantallas, sin interactuar con otros a diario para asi proyectarnos por los medios sociales como queremos ser percibidos. Hay filtros para crear sensaciones o impresiones diferentes a quienes somos realmente.

Estamos en Abríl del 2020, a nueve años de mi primera visita tan transcendental. El mundo entero esta claustrado por un virus parecido a la gripe que nos obliga a usar mascarillas. Los noticieros riegan noticias que crean pánico y miedo, saturando a las masas con mensajes e imágenes deshonestas, con datos y estadísticas que no transmiten una verdad consistente. No debemos salir de nuestros hogares excepto para lo mas esencial. Ya no hay deportes, parques, cines, y salones abiertos, y las reuniones públicas estan prohibidas. El mundo parece congelado, lo cual le da al medioambiente un respiro para recuperarse y a nosotros la oportunidad para reflexionar sobre el verdadero valor de la vida y las libertades humanas. Esta existencia me ha permitido compartir mi mensaje con todos ustedes para abrir sus mentes a la idea de que existen seres y tecnologías avanzadas. No digo que me brindaron poderes sobrenaturales ni cosa por el estilo, pero era como si supieran programarme para maximizar mi enfoque, dedicación, y progreso. Todos somos capaces de ello si realmente utilizamos nuestras mentes, cuerpos, y tiempo sabiamente. Es necesario alimentar el cuerpo según nuestro tipo de sangre, aunque siempre hay algo que apetecemos que nos puede trastornar este balance. Asi que debemos meditar, ejercitar, y estirarnos para mantener este equilibrio. El balance es muy importante si quieres que tu cuerpo funcione de manera optima. Un paso en falso puede derrumbarlo todo. Sin embargo, todos podemos movernos; es mas importante el mantener el cerebro sincronizado con el cuerpo. Ello require determinación, motivación, e inspiración.

Todo gira en torno a la mente. Pero no es fácil dominar la mente. Es la computadora de todo el sistema. El corazón es la bateria, los pulmones son la entrada de aire, y la comida es el combustible. A pesar de todo lo tóxico que absorbemos de nuestro entorno, comida, agua aire, sonido radiación, y vibraciones de diversos tipos, el cuerpo puede sanarse con un cerebro agudo y sincronizado. A través de este trayecto descubrí el gran beneficio de mirar al sol, lo que purifica la glándula pineal. Esta glándula conecta ambos hemisferios del cerebro. Lo ideal es mirar al sol cuando está a su punto mas bajo en el horizonte sea al amanecer o el ocaso. Otorga muchos beneficios como elevar la energía, bajar el apetito, mejorar el ciclo de sueño, e inclusive a algunos le mejora la vista! Y lo mejor es que es una de las vistas mas bellas no importa donde estes.

Un amancer, Cummings Beach, Stamford Connecticut - 2020

Una vez el cerebro esta en sintonía con el cuerpo se puede alinear con el corazón. Esta es nuestra fuente de poder. Lo que nos hace tan únicos es el poder del amor. Las emociones a veces nos traicionan, pero cuando procedemos con amor nos vemos dispuestos a hacer lo que sea para los que amamos y queremos. Los mas grandes obstáculos no son siempre obras, sino nuestros miedos. Miedo al fracaso o a ser rechazado. Miedo de lo desconocido mientras transcurre el tiempo. Miedo de lo que puede acontecer. Tenemos ahora la oportunidad de hacer un mejor mañana para las generaciones futuras. Debemos querernos y honrarnos mientras ayudamos, respetamos, y apreciamos a los demas. Amar y honrar la vida que se nos ha dado, y ser mejor ejemplo para las generaciones mas jovenes. Continuar buscando el propósito en todo lo que amas. No todos seran como tu pero asimismo debemos respetar y considerer a todos los seres vivientes. Con paciencia nos brindamos oportunidades para tomar mejores decisiones. Nos encontramos en una fase de la evolución y hay excelente posibilidad de que estos seres avanzados se revelen pronto. Tenemos que llevarnos bien todos, primero – blancos, negros, marrones, amarillos—antes de poder integrarnos a los morados, verdes, azules, y grises. Este el momento de retomar el contról de tu mente y cuerpo, pues debemos estar preparado para el porvenir, sea cual sea. Todavía hay días donde diviso estas estrellas deslizandose por el cielo, y en mi corazón se que hay algo mas grande y avanzado en el universo. Ruego todas las noches para que regresen y hagan pública su presencia, pero hasta ese día hago lo que puedo para mejorar el mundo de cualquier manera posible. Rezo para que todos puedan perseguir sus sueños y alcanzar las metas nobles. Manten una mente clara y abierta, un buen corazón, y un cuerpo sano. Lo hecho no se puede deshacer y debemos aceptár las consecuencias de nuestras acciones y decisiones. No hay por que sentir que necesitamos reaccionar o responder de inmediato. Con unos pocos segundos para tomar conciencia de nuestro entorno, mientras recordamos que todo puede estar siendo examinado por una fuerza infinítamente mayor, y nos corresponde demostrar lo grandes que podemos ser.

Estoy a favor de tus sueños, continúa luchando por tus derechos humanos y autonomía, y continúa amando y respetando la vida.

Los quiero a todos, con amor y luz.

TESTIMONIALS

The following are a few testimonies acknowledging that such an event took place as they have noticed a change in the way about Andre's life.

"I've known Andre for over 20+ years now and also lived with him as a roommate of mine during his experiences. Over the course of his experiences from the beginning when seeing his first sky beings, things changed drastically in his behavior. From constantly looking to the sky at night and day to the change in his behavior as in seeming to be more focused on projects as well as his all around efficiency with all aspects of his life. I also personally observed the markings he received in the night without any rational reasoning. Definitely something not everyone goes through." – J.N.

"I have known Andre for many years and consider him to be a great mind and creative beyond his own knowledge. With that being said I have always considered these stories of alien abduction and testing as something made up in his mind, I hated when he told this story. Especially when he tells it to strangers. One thing I can't deny is the accuracy every time I hear it, the story always remained the same so there must be some truth behind it. All I want to know is why he would risk embarrassing himself. – O.G.

"I have been friends with Dre for nearly a decade and have always known him to be a passionate, inquisitive, creative, and honest person. I did notice a change in him during this time, especially around the time of his father's passing, but I also knew this change was a result of experiencing something not many can relate to. He asks you to ponder unanswered questions about life and this world. He's open-minded about spirituality and the possibilities of the universe. Ultimately, I think his message of love and acceptance is one worth embracing." – S.T.

"There was a transformation in Andre, on many levels. He became more health conscious, started to get up real early for boot camp, changed his diet to healthier veggie choices. Andre started to focus, it seemed as if he was empowered, emboldened, gradually transforming himself. His self confidence grew. His creative abilities as a designer blossomed. I noticed a change in his photography style as well. I see his pictures that are serene and calm but have a sense of discovery to them. His awareness was heightened, became telepathic in a sense. He would finish my sentences or would answer my question as I was just thinking about asking him. 'They are guiding me, showing me' he would sometimes say. I was glad he found a peace, a meaning and strength in who he is and was in character. I know this as only a mother's bond with her child can. They are still out there, he still sees them." – F.M.

www.ingramcontent.com/pod-product-compliance
Lightning Source LLC
Chambersburg PA
CBHW072208100526
44589CB00015B/2435